VOYAGE PITTORESQUE

DE

SCANDINAVIE.

CAHIER DE VINGT-QUATRE VUES,

AVEC DESCRIPTIONS.

Contenant les premières Vues de Laponie qui ayent été dessinées et gravées.

LE 5 SEPTEMBRE,
1802.

PUBLIÉ À LONDRES, PAR MESSRS. G. ET W. NICOL, PALL-MALL; J WHITE, FLEET-STREET; ET DEBOFFE, GERRARD-STREET.

À PARIS, PAR G. DUFOUR, LIBRAIRE, RUE DE TOURNON.

De l'Imprimerie de Cox, Fils, et Baylis,
Great Queen Street, Lincoln's Inn Fields, à Londres.

VOYAGE PITTORESQUE

DE

SCANDINAVIE.

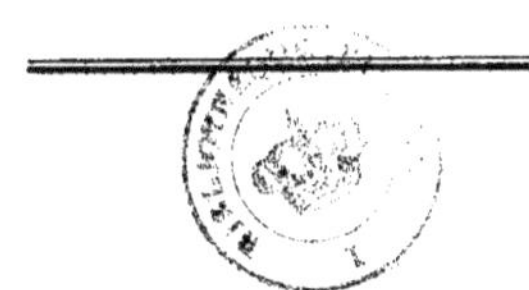

CAHIER DE VINGT-QUATRE VUES,

AVEC DESCRIPTIONS.

Prix, à Paris, 60 *Livres sur petit Papier, et* 72 *Livres sur grand Papier.*
£2. 12*s.* 6*d. et* £3. 3*s. à Londres.*

Les Planches sont exécutées à l'Aquatinta, et seront retouchées au Lavis, seulement pour les Souscripteurs.

On tirera quelques Exemplaires en Couleur.

De l'Imprimerie de Cox, Fils, & Baylis,
Great Queen Street.

AVERTISSEMENT.

FRAPPÉ par les beautés pittoresques que présentent la Suède, la Finlande, la Norvège et la Laponie, qui, sans être inférieures à celles qu'on admire en Suisse, ont de plus l'avantage d'exciter la curiosité par la différence extrême du caractère de leurs paysages, j'ai formé le plan de donner des vues, accompagnées de descriptions, de ces pays que j'indique collectivement par le nom de Scandinavie. Les desseins originaux de ma collection, qui, la plupart, ont été faits sous mes yeux, sont tous l'ouvrage d'artistes du premier talent; et leur exactitude est telle que celui qui n'est pas à portée d'étudier la nature elle-même, mais seulement ses imitations, peut entièrement se fier à celles-là. Je dois prévenir que, quoique mon ouvrage porte le titre de Voyage Pittoresque, il est cependant extrêmement différent des livres qui ont paru sous cette dénomination. Plus étendu, sous certains rapports, que ces ouvrages, il est destiné, non-seulement à contenir des observations sur le caractère du pays en général, et sur celui de chaque scène en particulier, mais aussi l'analyse de toutes les sensations que fait éprouver à notre âme la vue des paysages, celle des productions de l'architecture, de la peinture,

 de

de la sculpture, et de l'art des jardins: plus resserré sous d'autres, il ne contiendra certainement pas des détails, soit de statistique, soit d'histoire naturelle, ainsi qu'on en trouve dans presque tous les voyages pittoresques; il me semble que c'est bien assez que de remplir un objet déjà aussi étendu que celui que je me propose, et d'ailleurs je suis convaincu, que les sciences ne peuvent que perdre infiniment à ce mélange, je dirois même à cette confusion, dont l'effet est de disperser les rayons destinés à produire la vérité, et dès-lors de les rendre moins faciles à diriger vers un foyer commun. On peut juger, d'après ce que j'ai dit plus haut, que je ne considérerai pas *la nature et les arts ainsi que les peintres;* c'est à eux qu'appartient la connoissance des effets pittoresques, mais la plupart ont été presque étrangers à celle de l'effet moral des paysages sur notre âme et de leurs harmonies avec elle, qui se trouvent rompues quand on ne saisit pas leur caractère et qu'on y place des objets qui les contrarient. Aussi trouve-t-on dans les paysages des plus fameux peintres des défauts qui décèlent l'ignorance de ces harmonies: mais, on ne doit pas s'étonner qu'ils n'ayent pas possédé des connoissances qui tiennent à la théorie de nos sensations morales, et qui dès-lors sont du ressort de la philosophie: on doit s'en étonner d'autant moins que les philosophes eux-mêmes n'ont pas encore étudié ces rapports; on trouve bien des passages dans différens ouvrages * qui prouvent que quelques personnes les ont sentis; mais des pensées jettées çà et là ne font point un système, et rien même ne peut mener à supposer qu'on ait songé à en former un. La théorie que j'annonce est donc nouvelle: ce n'est pas dans mon Voyage Pittoresque que je puis la donner, j'y veux seulement en faire l'application. Je me réserve de donner un traité sur ce sujet que je fonderai alors, sur un nombre

* Avez-vous donc connu, ces rapports invisibles
Des corps inanimés, et des êtres sensibles.
Jardins de DELILLE.

nombre infini d'observations que j'ai faites dans le cours de mes différens voyages. Peut-être avant cette époque un esprit plus vigoureux que le mien, s'emparera de ce sujet et le traitera mieux que je n'en suis moi-même capable. Je me féliciterai au moins d'avoir fixé l'attention d'hommes plus habiles, et je croirai avoir beaucoup fait, que d'avoir montré l'utilité d'un nouveau genre d'observations et (j'ajoute) la source de nouveaux plaisirs; en effet, de nouvelles manières d'envisager la nature, ne sont-elles pas aussi de nouvelles raisons pour l'admirer? et l'admiration est sans doute une des plus grandes jouissances de notre âme. La faculté que la connoissance de nouvelles harmonies de la nature, nous donnera de produire des sensations agréables, influera particulièrement sur l'art des jardins, et nous verrons ainsi s'augmenter la somme de nos plaisirs innocens: cela est d'autant plus important pour la société, que ces sortes de jouissances sont, jusqu'à un certain degré, à la portée du riche comme du penseur, et cet art qui ne demande point une étude profonde pour être goûté, est plus propre que tout autre à faire sortir l'homme illettré du cercle étroit de ses réflexions habituelles; par conséquent à perfectionner son entendement, à élever son âme, et enfin à l'intéresser à ces champs dont DELILLE a dit:

> Qui sait aimer les champs, sait aimer la vertu.

Ainsi se retrouve l'admirable accord des plaisirs et de la vertu, accord si évident qu'il faut qu'un homme instruit soit profondément vicieux pour ne pas le reconnoître.

Je ne puis, et je ne dois pas donner dans un simple avertissement plus de développement à mes idées. Je sens bien que plus il reste de vague dans leur expression, plus je laisse de prise à la critique, mais je me réserve de traiter ce sujet plus au long dans la préface de mon Voyage Pittoresque. Mes idées sur le paysage, celles que j'annonce sur une différence

férence de méthode dans la manière d'écrire mon voyage, tiennent à un plan que j'ai conçu depuis long-temps pour l'avancement des sciences et des arts, et dont je donnerai alors une esquisse suffisamment étendue pour en faire comprendre la partie qui peut s'appliquer à cet ouvrage. Je demande d'avance qu'on me pardonne la hardiesse que j'ai mise à annoncer des observations nouvelles sur la nature, nos sensations, et les arts; il seroit trop sévère de me juger sur un morceau aussi court, et je sens que sous plus d'un rapport j'ai besoin de toute l'indulgence du lecteur. Je la réclame particulièrement à cause de la précipitation avec laquelle je suis forcé d'écrire, et cet avertissement, et les descriptions qui suivent. D'après le plan que j'avois annoncé dans mon Prospectus, je ne devois donner ces descriptions qu'avec le texte du Voyage Pittoresque; mais j'ai senti que sans descriptions on ne jouiroit pas tout de suite des vues. Les dépenses considérables qu'occasionne un ouvrage aussi étendu que le mien, exigent que l'on retire quelque chose des frais avant qu'il soit entièrement achevé: c'est la raison qui m'oblige à le publier par parties; mais en même temps, je veux faire en sorte que chaque partie soit complète en elle-même, et si la mort ou quelque circonstance imprévue arrêtoit, ou retardoit l'exécution de mon plan, les acquéreurs de ces vues ne se trouveront point avoir un ouvrage incomplet dans leur bibliothéque. Il y aura cinq autres cahiers du même format, exécutés de même, et composés du même nombre de vues, qui seront aussi accompagnées de descriptions: quand le texte paroîtra, elles y trouveront leur place suivant l'ordre qui y sera adopté, et comme lui appartenant essentiellement; il en sera de même des planches de costumes, et de celles qui auront trait aux arts de sculpture, architecture et peinture, dont le nombre n'excédera pas quarante-huit, c'est-à-dire, deux cahiers; mais elles seront peut-être données en plus petites livraisons, de huit, douze, ou seize planches, à mesure que je pourrai rassembler

chaque

chaque partie complète; les costumes de Laponie, par exemple, vont être publiés incessamment, avec un texte explicatif, et quoique tenant au voyage, ils peuvent être achetés séparément, comme faisant un ouvrage complet. Indépendamment de ces cahiers, qui constituent le Voyage Pittoresque de Scandinavie, il a paru une livraison de grandes vues pour des sujets qui demandent une plus grande échelle. Cet ouvrage sera continué, et porté au nombre de six livraisons, ou de vingt-quatre vues; il ne tient pas nécessairement au Voyage Pittoresque, mais comme il consiste en vues des mêmes pays, et dont il sera parlé dans le Voyage Pittoresque, il sera à propos pour les amateurs de faire un atlas à part de ces vues. Elles seront imprimées en noir ou en couleur. Le prix des premières a été fixé à 12 liv. tournois chaque, et des secondes à 24, ou 48 et 96 liv. pour chaque numéro à Paris; et à Londres, 2 et 4 guinées: c'est le taux le plus bas auquel, malgré le perfectionnement de l'art de la gravure à l'aquatinta, on ait pu les fixer. Mon projet est de terminer tout ceci dans l'espace de deux ans, et j'ai tout lieu d'espérer que j'y réussirai.

LONDRES,
Ce 5 Septembre, 1802.

DESCRIP-

DESCRIPTIONS.

Les vues, ainsi que leurs descriptions, sont numérotées suivant l'ordre d'un voyage qu'on feroit en s'avançant presque directement du Détroit du Sond au Cap Nord. Le N° 1 se trouve en effet être le Sond, et le N° 24, ou dernier, le roc du Cap Nord. Le lecteur est prié de vouloir bien se rappeller que ce qui suit est purement des descriptions.

L'auteur ne pouvant pas donner l'explication de ses idées nouvelles s'abstiendra d'en faire à present aucune application dans les descriptions, et il ne s'y trouvera de ces idées, que ce que son imagination, pénétrée d'un sujet favori, portera comme malgré lui dans un écrit qui d'ailleurs y a tant de rapports, qu'il est difficile de les en séparer entièrement.

N° 1.

Vue du Château de Cronembourg, d'une Partie de la Ville d'Elsineur, et de celle d'Helsimborg en Suède.

On l'a prise à peu près vers le milieu du Détroit du Sond, entre ces deux villes, après avoir doublé la pointe qui avance dans le Détroit du côté du Dannemark. Ce petit promontoire peut servir de limite, entre la Mer du Nord et la Baltique. La distance d'un bord à l'autre à l'endroit le plus étroit est d'environ une lieue Françoise.

N° 2.

Vue des Chutes de Trolhætta, prise au-dessous de la dernière appelée Helvert's Fall, sur un Bord élevé du Fleuve Götha, duquel on aperçoit le magnifique Amphithéâtre qu'elles forment.

L'espace que ces chutes parcourent est de plus d'un quart de lieue, et leur hauteur réunie est de cent vingt pieds. Ces chutes interrompent la navigation de la Götha, fleuve qui sort du Lac Wenner et se jette dans la Mer du Nord ; mais à présent la communication qui n'a plus d'obstacles est due à la constance que les Suédois ont mise à accomplir un ouvrage commencé, depuis trois siècles, sur divers plans, dont la partie à exécuter à Trolhætta, et qui étoit la plus considérable, avoit toujours échoué ; enfin, on en a adopté un d'après lequel on étoit obligé de couper un canal dans le granit pendant environ l'espace d'une lieue, et d'y construire plusieurs écluses : c'étoit un travail rebutant par sa longueur et sa difficulté ; mais il a été poursuivi avec tant d'activité sous la direction de Mr. Nordwall, qu'il a été fini dans l'année 1800, après avoir duré environ douze ans.

L'impétuosité du fleuve est telle qu'il avoit renversé jusqu'alors toutes les digues. En les repartissant sur une plus grande étendue de terrein on a obvié à cet inconvénient. On peut admirer les ouvrages de Trolhætta après le canal de Languedoc et celui du Duc de Bridgewater, et je ne connois pas d'endroit qui rassemble tant de merveilles de la nature et de l'art.

l'art. Chaque vue des différentes chutes prise en particulier, présente les coups-d'œil les plus pittoresques et les plus intéressans.

N° 3.

Vue de la Ville de Stockholm, située sur le Lac Mæler, prise de l'Ile de Langholm.

Le bâtiment quarré qu'on aperçoit au milieu est le palais du Roi. L'architecture en est fort belle et de très-bon goût; en tout, c'est certainement un château royal des plus beaux de l'Europe, le mélange de rochers, d'îles désertes ou habitées, de vaisseaux de toute espèce, d'eau, de forêts, et de montagnes aperçues dans le lointain, et qui se combinent presque toujours de différens points de vue, avec la belle masse quadrangulaire du château, font certainement de Stockholm une ville qui ne ressemble à aucune autre, et qui n'a pas son égale pour le pittoresque.

N° 4.

Vue du Golphe de Bothnie en Hiver.

Le même endroit qui avoit été sillonné auparavant par des vaisseaux, l'est à présent par des traîneaux; la mer arrêtée par le froid, est unie sur ses bords, puis à mesure qu'on s'en éloigne, retrace peu à peu par ses ondulations le mouvement des flots; elle prend enfin tout à fait l'aspect des mers de glace de Suisse et de Savoye, et les morceaux de glaces s'élèvent, tantôt amoncelés, tantôt suspendus comme des stalactites; tandis qu'ils présentent par leurs couleurs variées le plus brillant de tous les spectacles, ils rappellent par leurs formes et leur ensemble l'idée d'immenses ruines. Le passage au travers les glaces, pour aller de Bothnie en Finlande, est d'environ vingt-huit lieues.

N° 5.

Vue du Château de Castelholm dans l'Ile d'Aland.

Le château est situé d'une manière pittoresque sur un petit lac, il est fameux pour avoir été la prison d'Erick XIV, Roi de Suède, qui y fut enfermé par ordre de ses frères, comme lui, fils de Gustave Vasa. Il est tout à fait en ruines, excepté le côté sur lequel est adossé un magazin qui nuit un peu à l'effet. L'île d'Aland est la plus considérable de cet archipel nombreux, qui se trouve à l'embouchure du Golphe de Bothnie, et elle lui a donné son nom. Il y a plusieurs vues agréables des ruines de ce château.

N° 6.

Cette Vue a été prise à une demie-lieue d'Abo à l'Embouchure de la Rivière.

Elle frappa l'écrivain de cette description et l'artiste * plein de goût et de talens qui l'accompagnoit, comme propre à donner le caractère des paysages

* Mr. Belanger, de Paris, à présent premier peintre de Sa Majesté Gustave IV, Roi de Suède, souverain digne d'un nom qui a été rendu si grand par ses ancêtres, et qui, comme son père, sait accueillir les talens et le génie.

paysages de la Finlande. Un immense rocher de granit, un moulin, et des sapins, composent ce charmant paysage.

N° 7.

Cette Vue ainsi que la précédente, est prise près d'Abo, auprès d'un de ces Pilotis faits pour indiquer une Navigation sûre aux Vaisseaux, jusqu'à la Rivière ou Port de cette Capitale de la Finlande.

La baie où ils sont placés, est bornée par des lointains qui n'ont point du tout les formes désagréables que Gilpin attribue aux paysages du nord : la mer est entrecoupée d'un nombre infini d'îles et de rochers à fleur d'eau, jusqu'à ce que l'on soit sorti de l'archipel des îles d'Aland, et elle présente tantôt l'aspect de rivières, tantôt celui de lacs. Une solitude profonde prête à ces vues une majesté particulière ; on croit être seul avec la nature, et l'homme semble être hors du plan de la création dans cette partie du monde. On peut juger si ce sentiment est exagéré, lorsque je dirai que sur une des îles habitées, longue de dix lieues, et large de quatre, où le mauvais temps me força de rester pendant deux jours, je ne trouvai que quatre familles ; et il y a beaucoup de ces îles qui sont absolument désertes. Cette vue fut dessinée pendant une excursion faite d'Abo, par un beau jour d'été qui rappeloit un ciel d'Italie, dans les sauvages régions qui avoisinent le pôle.

Ce rapprochement n'étoit pas sans charmes par lui-même, et nous le goûtions d'autant mieux que le soleil harmonisant par ses rayons les teintes variées, mais chaudes du granit, et le verd tranchant des sapins, donnoit toute la douceur possible à ce délicieux paysage.

N° 8.

Chute de la Rivière de Kyro près du Village d'Yervenkyle à 40 Lieues Françoises d'Abo, Capitale de la Finlande, et à environ la même Distance de Wasa, Capitale d'une Province de Finlande du même Nom.

Cette chute présente un spectacle qu'on chercheroit en vain dans aucune autre partie de l'Europe, elle tombe, d'environ 200 pieds sur un plan incliné. La rigueur du froid avoit été si forte, qu'au moment où on la dessina, non seulement l'eau de la chute se trouvoit encaissée dans la glace, mais avoit à se faire passage au travers de rochers de glace, qui de temps en temps formoient des espèces de voûtes. A deux endroits différens, l'eau, et la vapeur glacée, s'étoient amassées au point de former deux ponts, sur lesquels les habitans du pays osoient passer. Les cabanes qu'on voit sur le bord sont de petits moulins entièrement entourés de glaces. N'ai-je pas eu raison de dire que ce n'étoit qu'auprès du pôle qu'on pouvoit jouir d'un spectacle pareil ? où trouvera-t-on des ponts de glaces jettés au-dessus d'une cataracte ? Ils n'ont pas même existé dans l'imagination des peintres.

N° 9.

Vue de Tornea, prise le 15 Juin, à minuit, de l'Eglise de Neder Tornea, et éclairée par le Soleil couchant.

La ville de Tornea est située sur la péninsule appellée Svensarŏn qui est entourée presqu'entièrement par le fleuve de Tornea. A minuit le disque

du

du soleil est presque entièrement caché pour les habitans de la ville, mais on l'aperçoit tout entier de Neder Tornea; les montagnes dans le lointain au-dessus desquelles il paroît sont celles de Korpikila et de Cacamo, cette ville est devenue fameuse par les observations que Maupertuis y fit, accompagné d'académiciens François, et de Celsius, académicien Suédois.

Nº 10.

Vue de la Rivière de Kumo, que l'on traverse entre Levaniemi et Tornea.

Au mois de Mars les rivières, grossies par la fonte des neiges, et en été par de fortes pluyes, emportent avec violence tout ce qui s'oppose à leur passage ; et des ponts formés des pilotis les plus forts sont renversés en un instant. On en aperçoit un rompu, dans cette vue ; le paysage en seroit extrêmement riant sans l'idée de destruction que cette ruine présente ; et les bouleaux pleureurs, un des arbres les plus communs du pays, font un joli effet sur le devant du tableau.

Nº 11.

Vue de la Cataracte de Kattila Koski.

Les Lapons ont l'adresse de descendre et de remonter les cataractes avec leurs bateaux ; ils se servent pour cela d'un long pieu qu'ils poussent avec force dans l'eau contre les rochers, et alors ils se servent de ce point d'appui pour forcer le bateau à remonter, tandis qu'un autre le maintient

dans

dans la position, où il doit rester; il arrive souvent que le pieu glisse, et que l'homme est entraîné par son propre poids dans l'eau, mais il recommence avec une patience extraordinaire et sans jamais être accessible à la crainte.

Ces cataractes sont fameuses par les opérations de Maupertuis, qui a trouvé que le lieu où elles sont situées répondoit exactement à cette partie de la sphère appellée le cercle polaire. Le paysage qui accompagne la cataracte est riant, et les bouleaux agréablement mêlés aux sapins, et aux pins.

Nº 12.

Vue d'une Chute d'Eau près de Kengis et d'une Fonderie qui a été nouvellement bâtie tout près.

Le possesseur de la fonderie a fait l'essai de planter sur la côte au-dessus, des peupliers d'Italie, qui y ont parfaitement réussi; cela fait penser que l'industrie humaine pourroit naturaliser beaucoup de plantes méridionales en Laponie. C'est la rivière de Tornea qui forme cette chute, à 40 lieues de la ville du même nom.

Nº 13.

Vue de la Cataracte d'Eyanpacka sur le Muonio, Rivière considérable qui se jette dans le Fleuve de Tornea.

Cette cataracte a plus d'un quart de lieue de long, et elle est une des plus dangereuses que l'on ait à passer en Laponie. Le paysage des environs de la cataracte, et de ceux du village de Muonionisca, est si agréable qu'on a de la peine à se figurer, qu'on soit à 70 lieues plus avancé vers le nord, que Tornea. Je comparerois cette vue au Rhin près de Lauffen et de Rhinfelden ; encore trouveroit-on difficilement sur ce fleuve majestueux, un lointain aussi magnifique que celui du Mont Pallas. Cette vue fut prise au mois de Juin ; dans cette saison le pays jouit de tout l'éclat que peut lui donner un soleil qui ne se couche point, et la végétation engourdie pendant huit mois se montre avec plus de vigueur : il y avoit cependant encore à cette époque un petit lac, situé dans un endroit bas, et garanti par une montagne, sur qui la chaleur excessive que l'on éprouvoit, n'avoit pas encore eu assez d'influence, pour en fondre la glace.

N° 14.

Vue de la petite Rivière Pallojoki qui se jette dans le Muonio, prise près d'une Cataracte qui se trouve entre Suontajervi et Lappajervi.

Sur la droite du paysage on voit une colline, où les arbres sont d'une végétation languissante, sur laquelle se trouve en grande quantité le *lichen rangiferinus*, ou mousse, qui sert à nourrir les rennes ; cette mousse est d'une blancheur si éclatante qu'on croiroit voir de la neige, si on n'étoit pas averti de son illusion, par des touffes d'arbres vertes, que l'on voit s'élever au-dessus la mousse, et par une chaleur presque insupportable. Jusques là nous étions en Westrobothnie, mais du moment où on est arrivé à un établissement appellé Pallajovenio, on est en Laponie proprement dite. Maupertuis, et d'autres voyageurs depuis lui, sont tombés dans une erreur

géogra-

géographique à cet égard; son livre est intitulé, *Voyage au Fond de la Laponie,* quoiqu'au fait il n'y ait pas mis le pied. On est ici à environ 90 lieues de Tornea.

N° 15.

Vue d'une Cataracte de la Rivière d'Alten appellé Neide Kur-Kio.

Jusques là les rivières dont les vues ont précédé celle-ci avoient leur cours du côté du golphe de Bothnie, celle-ci a le sien du côté du Cap Nord.

La cataracte réprésentée ici a une masse d'eau plus considérable que celle du Rhin, mais lui est inférieure en hauteur, et ne tombe que de 40 pieds. La rivière d'Alten après avoir formé plusieurs lacs de la plus grande beauté, se resserre avant de former cette cataracte. L'effet n'en est point gâté par de petites maisons mesquines comme à Schaffouse, et le coup d'œil en est extrêmement imposant; ici nous sommes à 20 lieues au-delà de Kautokeino, petit village Lapon, et à 150 lieues de Tornea, près de l'église de Masi, bâtie pour l'usage des Lapons en hiver, mais inutile en été.

N° 16.

Vues des Monts appellés Sjallen, et d'une Chute d'Eau d'une immense Hauteur, d'un Ruisseau appellé Kionosjoki, qui descend de la Montagne de Kulli Tunduri.

Ici nous avons quitté le fleuve d'Alten, sa navigation devient impraticable, en se faisant jour à travers les montagnes déjà nommées il forme plusieurs cataractes. La chute représentée ici tombe d'environ 600 pieds, et et passe sous une voûte qui a l'air d'être artificielle; ici commencent à proprement parler les Alpes de la Laponie: le paysage est extrêmement sauvage et aride, et il n'y a que le bouleau pleureur, qui y donne quelque agrément; cette route est extrêmement difficile, et aucun voyageur n'avoit encore tourné ses pas de ce côté quand ces vues furent dessinées. Le pays prend ici un caractère de sévérité qu'on ne trouve point ailleurs. La végétation n'est plus brillante comme à Muonioniska, et nous voilà enfin arrivés à ces rochers stériles qu'on s'attend à trouver dans le nord; le plaisir de voir cette immense chute, doit nécessairement être acheté par l'inconvénient de la morsure de terribles insectes qui pousuivent le voyageur sans relâche dans sa route; on ne peut passer ces montagnes qu'à pied, en faisant porter sa tente et son bagage par les Lapons.

N° 17.

Cette immense Chute qui se cache dans les Nues se trouve à la Descente des Alpes à environ 15 Lieues de la précédente.

Une chute placée ainsi sur le sommet le plus élevé d'un rocher, est un spectacle peu ordinaire: au bas on voit un petit lac, et de la neige sur les rochers qui dominent le lac, quelques bouleaux dispersés dans le paysage reposent l'œil, et font un effet agréable; un peu plus loin le fleuve d'Alten reparoît, et de ce moment le paysage redevient encore riant; la partie contenue entre Kantokeino, et cet endroit, est la plus aride de tout le pays entre Tornea et le Cap Nord. Dans tout le district de Kantokeino, qui est de 70 lieues sur 40, il n'y a que deux villages, 12 familles fixes, et environ 60 de Lapons errans. On s'aperçoit sensiblement sur ces montagnes de refroidissement de l'atmosphère.

 N° 18.

N° 18.

Vue d'une Cataracte de l'Alten.

C'est en vain que les voyageurs essayèrent de la remonter; on les voit faisant des efforts pour y parvenir. Cette vue est une des plus sévères que la nature nous ait présentées; d'énormes rochers d'une belle forme font avec l'eau qui se brise contre eux, et les reflets du soleil, des effets très-pittoresques. Cette vue fut dessinée au mois de Juillet, mais on peut se figurer ce que seroit une scène de ce genre, quand le soleil ne se montre plus sur l'horizon, et qu'elle n'est plus éclairée que par les reflets de la neige, et les aurores boréales. Comme j'ai annoncé que les planches suivroient l'ordre d'un voyage, où l'on s'avanceroit directement, de Tornea au Cap Nord, et que cette cataracte se trouve en descendant le fleuve d'Alten qui coule vers le Cap Nord, et dont j'ai déjà donné une vue, N° 15, je ne considère, que le plan que je me suis formé, pour la placer dans l'ordre où elle se trouve, qui est évidemment le plus naturel.

N° 19.

Vue des Chutes d'une Rivière qui se jette dans l'Alten.

On voit de loin cette rivière tomber en plusieurs nappes, de rochers d'une très-grande hauteur. L'œil la suit s'approchant, jusques à ce qu'elle se précipite en une seule nappe; le rocher d'où elle tombe présente l'aspect d'une voûte; je ne connois rien de plus magnifiquement pittoresque que cet ensemble, sans en excepter les chutes du Staubbach en Suisse. Celles-ci, appelées Wabamayoki du nom de la rivière qui les forme, peuvent donner une idée des beautés de ce genre qu'on rencontre fréquemment sur le bord de l'Alten.

N° 20.

N° 20.

Vue d'une Chute d'une Hauteur immense, à quelques Lieues de l'autre, sur la Rivière d'Alten.

On nomme cette chute Porsoronca. Il y a quelque chose de très-particulier, dans les formes des rochers qui bordent le fleuve ; ils ont l'air d'être l'ouvrage de la main de l'homme, ce qui est plus singulier que pittoresque.

N° 21.

Nous voici enfin sur les bords de la Mer Glaciale. Les maisons sont celles du village d'Alten : c'est dans cette baie que l'on s'embarque pour le Cap Nord. Les montagnes couronnées de neige qui l'entourent, ont les formes les plus belles ; l'aspect de cette baie rappelle le Lac de Lucerne : elle est cependant encore plus imposante, les eaux en sont limpides comme celles de ce lac ; par des chaleurs insupportables, le 27 Juillet, elles étoient si froides qu'il étoit impossible d'y rester long-temps plongé. Sur le devant du tableau, on voit des vaches qui s'approchent des restes d'un feu qui avait été allumé pour les garantir, par la fumée, des insectes qui sont terribles dans cette saison.

N° 22.

D'Alten au Cap Nord il y a environ cinquante lieues Françoises; il est presqu'impossible de s'y rendre par terre, c'est un voyage que même les habitans du pays ne font jamais: mais Alten se trouvant sur une baie de la Mer Glaciale, on y peut facilement s'embarquer. A environ treize lieues d'Alten on trouve plusieurs chutes d'eau qui tombent perpendiculairement dans la mer, de la hauteur de 700 à 900 pieds; vers cet endroit, en s'enfonçant un peu dans les terres, on trouve d'autres cascades qui forment des paysages agréables, et des prairies, qui vous font absolument oublier le climat où vous êtes. Une vue, entr'autres, rappelle par quelques-uns de ses agrémens les parties les plus soignées de nos jardins, par d'autres elle y est supérieure, autant que les grands traits de la nature le sont aux productions de l'art, c'est celle que je décris. La belle verdure des bouleaux et du gazon; une chute d'eau qui tombe en nappes, et dont la majesté s'accorde mieux avec la tranquillité du paysage, que si elle étoit brisée d'une manière plus pittoresque; des montagnes en amphithéâtre, dont les sommets sont couverts de neige, et dont la beauté des formes nous feroit croire qu'elles sont placées là, comme par enchantement, voilà ce qui compose ce paysage: sans doute on ne s'attend pas à en trouver un de ce genre sur les bords de la Mer Glaciale; mais dans les pays où l'on est le plus accoutumé à en voir d'agréables, je ne me rappelle point en avoir jamais vu de si délicieux; je ne pourrois comparer à cette vue qu'une autre qui porte à-peu-près le même caractère, (et j'ose dire qu'elles n'ont pas leurs égales dans le reste de l'Europe): c'est la chute appelée, Petite Leerfoss, près de Drontheim en Norwège; elle fait le sujet d'une de mes grandes planches déjà

 mise

mise au jour. Pourquoi faut-il que ce beau paysage se trouve dans un éloignement qui le met hors de portée d'être admiré ?

Les Lapons, dont on voit la hutte sur le devant, ne s'occupent guère des beautés pittoresques qui les environnent; mais ils vivent dans l'abondance, propriétaires de trois à quatre lieues quarrées autour de leur hutte : elle ne fait pas un mauvais effet dans le paysage, et est parfaitement bien placée pour que son propriétaire en jouisse; pas cependant de l'intérieur, car il n'y a pas de fenêtre dans une hutte de Lapon. Je le répète, il semble que la nature ait voulu nous surprendre en plaçant près de la Mer Glaciale la belle vue que je viens de décrire.

N° 23.

Quel contraste que celui de cette vue avec la précédente ! Nous avons le Cap Nord en face : le point où finit l'Europe doit être marqué par de grands traits; l'âme y est comme préparée, mais la nature va au-delà de nos conceptions dans cette vue dont les détails et l'ensemble sont sublimes. Elle semble avoir dédaigné ses grâces ordinaires, et avoir proscrit tout ce qui n'indiqueroit pas dignement la place, où le maître du monde commanda à l'océan de s'arrêter.

Frappés de ce grand spectacle, nous sentons notre âme s'élever à des idées analogues. Les petites passions humaines ne l'occupent plus, elles font place à des méditations sur l'être, qui lança les planètes dans leurs orbites, et régla le cours de ce soleil qui, en été, éclaire sans cesse l'horizon du Cap Nord. Bientôt nous reportons notre esprit sur nous-mêmes, et dans l'enthousiasme que nous éprouvons pour des objets au-delà de nous, nous reconnoissons la preuve la plus sûre de notre immortalité, comme dans l'admiration des œuvres de Dieu, le but de notre être moral.

Un

Un paysage riche, de beaux arbres, des bosquets fleuris, loin de faire naître ces sensations, les eussent contrarié ; mais des rochers amoncelés sur des rochers, près de l'océan, ne rappellent pas à notre âme, et refusent à nos sens, des plaisirs d'un ordre inférieur, et ne nous permettent de nous occuper que du plan du Créateur, qu'ils indiquent d'une manière forte.

N° 24.

J'emprunterai ici la belle description que M. Acerbi a fait du rocher du Cap Nord, dans le voyage qu'il a publié en Anglois cette année. J'avois fait mes descriptions avant d'avoir lu son livre, mais je préfère une traduction de la sienne à mon propre ouvrage. Je tâcherai, en faisant passer ses idées dans ma langue, qu'elles perdent le moins possible. Voici comme il s'exprime :

" Le Cap Nord est un roc énorme qui fait une forte projection dans la mer ; exposé à la fureur des vagues et aux assauts des tempêtes, tous les ans, il se détruit et se ruine. Là, tout est solitaire ; là, tout est stérile ; là, tout est triste et désespérant. La forêt ombrageuse n'orne plus la tête des montagnes ; les aspérités du roc grisâtre ne sont pas couvertes par un seul arbrisseau. Le chant des oiseaux, qui égayoit, même les bois de Laponie, ne se fait plus entendre dans ce lieu de désolation ; le seul son qui y frappe l'oreille est celui du mugissement des vagues, assaillant sans cesse les masses qui s'opposent à leurs coups redoublés. Le soleil, distant de l'horizon de cinq diamètres, et l'incommensurable océan, en contact apparent avec le ciel, forment les grands traits de ce tableau sublime. Le souvenir des occupations et des inquiétudes des hommes se présente ici comme un songe ; on oublie l'énergie de la nature animée, et ses différentes formes : la terre est contemplée seulement dans ses élémens, et comme constituant une partie du système solaire."

FIN.

De l'Imprimerie de Cox, Fils, et Baylis,
Great Queen Street.

L. Belanger pinxit — Published May 1802 for the Author, by Mess.rs G & W. Nicol, Pall Mall, & J. White Fleet Street — J. Merigot sculp.

Publié à Paris par J. E. Gabriel Dufour libraire rue de Tournon

2

L. Belanger pinxit — Published May 1802 for the Author by Mess. G. & W. Nicol, Pall Mall, & J. White Fleet Street. Publié a Paris par J. F. Gabriel Dufour libraire rue de Tournon. — J. Merigot sculp.

L. Belanger pinxit. Published May 1802 for the Author, by Mess.rs G & W Nicol Pall Mall, & J White Fleet Street. J. Merigot sculp.t

Publié a Paris par J. E. Gabriel Dufour libraire rue de Tournon.

L. Belanger pinxit. | J. Merigot sculp.

Published May 1802 for the Author, by Messrs G. & W. Nicol, Pall Mall, & J. White Fleet Street.
Publié a Paris par J. R. Gabriel Dufour Libraire rue de Tournon

5

L. Balanger pinxit | Published May 1802 for the Author, by Mess.rs G & W. Nicol, Pall Mall & J. White, Fleet Street. | J. Mergot Sculp.t

Publié a Paris par J. E. Gabriel Dufour libraire rue de Tournon

L. Belanger pinxit — Published May 1802 for the Author, by Mess.rs G & W Nicol, Pall Mall, & J White, Fleet Street. — J. Merigot sculp.t
Publié a Paris par J. E. Gabriel Dufour libraire rue de Tournon

7

I. Belanger pinxt.   Published May 1802 for the Author, by Mess.rs G. & W. Nicol Pall Mall, & J. White Fleet Street.   J. Merigot sculp.t

8

L. Belanger pinxit. Published May 1802 for the Author, by Mess.rs G. & W. Nicol, Pall Mall, & J. White Fleet Street. J. Merigot sculp.
Publié à Paris par J. F. Gabriel Dufour libraire rue de Tournon

J. Gidanyer pinxit — Published May 1802, for the Author, by Mess.rs G. & W. Nicol, Pall Mall, & J. White Fleet Street. Publié a Paris par J. F. Gabriel Dufour libraire rue de Tournon. — J. Merigot sculp.t

10

L. Belanger pinxit. Published May 1802 for the Author, by Mess.rs G.&W. Nicol, Pall Mall, & J. White, Fleet Street. J. Merigot sculp.t
Publié à Paris par J. E. Gabriel Dufour libraire rue de Tournon

11

L. Belanger pinxit · Published May 1802 for the Author, by G. & W. Nicol Pall Mall, & J. White Fleet Street. · J. Merigot sculp.

Publié a Paris par J. E. Gabriel Dufour libraire rue de Tournon

L. Delonger pinxit — Published May 1802, for the Author, by Mess.rs G&W. Nicol, Pall Mall, & J. White, Fleet Street — J. Merigot sculp.t
Publié a Paris par J. E. Gabriel Dufour libraire rue de Tournon.

13

L. Belanger pinxit — Published May 1802, for the Author, by Mess.rs G. & W. Nicol, Pall Mall & J. White, Fleet Street. — J. Merigot sculp.t

Publié à Paris par J. E. Gabriel Dufour libraire rue de Tournon

14

L. Belanger pinxit — Published May 1802 for the Author, by G & W. Nicol, Pall Mall, & J. White Fleet Street. — J. Mergot sculp.
Publié a Paris par J. E. Gabriel Dufour libraire rue de Tournon.

15

L. Belanger pinxit — Published May 1802 for the Author by G & W Nicol Pall Mall, & J. White Fleet Street — J Merigot sculp.
Publié a Paris par J. E. Gabriel Dufour libraire rue de Tournon

I. Belanger pinxit — Published May 1802 for the Author, by Mess.rs G. & W. Nicol Pall Mall, & J. White Fleet Street. — J. Merigot sculp.

Publié à Paris par J. E. Gabriel Dufour libraire rue de Tournon

17

L. Belanger pinxit — Published May 1802 for the Author, by Mess.rs G. & W. Nicol Pall Mall, & J. White, Fleet Street — J. Merigot sculp.t

Publié a Paris par J. E. Gabriel Dufour libraire rue de Tournon

L. Belanger pinxit — J. Merigot sculp^t.

Published May 1802 for the Author by G. & W. Nicol, Pall Mall & J. White Fleet Street.
Publié a Paris par J. E. Gabriel Dufour libraire rue de Tournon

I. Belanger pinxit. Published May 1822 for the Author, by G. & W. Nicol Pall Mall & J. White Fleet Street. J. Merigot sculp.
Publié à Paris par J. E. Gabriel Dufour libraire rue de Tournon.

L. Belanger pinxit — Published May 1802 for the Author, by Mess.rs G.&W. Nicol, Pall Mall, & J. White, Fleet Street — J. Merigot sculp.t

Publié a Paris par J. E. Gabriel Dufour libraire rue de Tournon

L. Belanger pinxit — J. Merigot sculp.

Published May 1802 for the Author, by Mess.rs G. & W. Nicol, Pall Mall, & J. White, Fleet Street.
Publié a Paris par J. E. Gabriel Dufour libraire rue de Tournon.

L. Belanger pinxit — Published May 1802 for the Author, by G. & W. Nicol Pall Mall, & J. White Fleet Street — J. Mergot sculp.
Publié à Paris par J. E. Gabriel Dufour libraire rue de Tournon.

Published May [illegible] for the Author by Mess.rs G&W. Nicol Pall Mall & J. White Fleet Street.

J. Merigot sculp.t

L. Belanger pinxit — J. Merigot sculp.

Published May 1802 for the Author by Mess.rs G & W. Nicol Pall Mall, & J. White Fleet Street.
Publié a Paris par J. E. Gabriel Dufour libraire rue de Tournon

www.ingramcontent.com/pod-product-compliance
Lightning Source LLC
LaVergne TN
LVHW020043170826
845678LV00001B/407